〈仏事日常勤行〉

抄訳

佛説無量寿経

目次

抄訳　佛説無量寿経

抄訳 佛説無量寿経

三奉請

キン二声●●

いま弥陀《みだ》如来《にょらい》にあいまつる

同　もろびと共《とも》に

（花《はな》ささげて）

いま釈迦如来《しゃかにょらい》にあいまつる

同 もろびと共《とも》に

（花《はな》ささげて）

いま十方如来《じっぽうにょらい》にあいまつる

同 もろびと共《とも》に

（花《はな》ささげて）

キン一声●

礼讃文①〔文語〕

自《みずか》ら仏《ぶつ》に帰依《きえ》したてまつる。
まさに願《ねが》わくは　衆生《しゅじょう》と共《とも》に
大道《だいどう》を体解《たいげ》して
　無上意《むじょうい》を発《おこ》さん。
自ら法《ほう》に帰依したてまつる。
まさに願わくは　衆生と共に
深く経蔵《きょうぞう》に入りて
　智慧　海のごとくならん。
自ら僧《そう》に帰依したてまつる。
まさに願わくは　衆生と共に
大衆《だいしゅ》を統理《とうり》して
　一切無礙《むげ》ならん。

本日ここに
〈　　　〉にあたり、
うやうやしく仏前を荘厳《しょうごん》し
懇《ねんご》ろに聖教《しょうぎょう》を拝読して
広大の仏恩《ぶっとん》を謝しまつる。
南無阿弥陀仏《なもあみだぶつ》
南無阿弥陀仏
南無阿弥陀仏
　キン一声●

礼讃文①〈口語〉

謹《つつし》んで　み仏《ほとけ》に帰依《きえ》し奉《たてまつ》る。
願わくは　もろ人ともに
み仏の道を学んで
悟りの道を志《こころざ》しますことを。
謹んで　み法《おしえ》に帰依し奉る。
願わくは　もろ人ともに
深くみ教えを学んで
大きな智慧を得ますことを。
謹んで　み法《おしえ》の集《つど》いに
帰依し奉る。
願わくは　もろ人ともに

手を携《たずさ》えて
浄土に生まれますように。
今日、ここに
〈　　　〉にあたり、
うやうやしく
み仏に香華《こうげ》を供《そな》え、
経典を拝読して、
み仏の御恩に感謝を捧げます。
南無阿弥陀仏《なもあみだぶつ》
南無阿弥陀仏
南無阿弥陀仏
キン一声●

礼讃文②〔文語〕

我等、いま
幸いに
み仏《ほとけ》の導きによって
尊きみ法《のり》に値《あ》い
念仏もろともに
心ゆたかに日々《にちにち》を送る。
本日ここに
〈　　〉にあたり、
うやうやしく仏前を荘厳《しょうごん》し
懇《ねんご》ろに経典を読誦《どくじゅ》して
広大の仏恩《ぶっとん》を謝し奉《たてまつ》る。

願わくは
もろ人とともに、
深くみ仏の恵《めぐ》みを謝しつつ
強く正しく生きぬかんことを。
南無阿弥陀仏《なもあみだぶつ》
南無阿弥陀仏
南無阿弥陀仏
キン一声●

礼讃文②〔口語〕

私たちは　今、
み仏の導きによって
　尊いみ教えに値《あ》い、
念仏もろともに
心ゆたかに毎日を
　送っております。
今日ここに
〈　　　　〉にあたり、
美しく飾られたお仏壇の前で
心をこめて経典を拝読し、
み仏の恵《めぐ》みに深い感謝の心を
　表明いたします。
何とぞ
すべての人々が　手を携《たずさ》え
み仏の教えを仰ぎつつ
強く正しく生きぬきますように。
南無阿弥陀仏《なもあみだぶつ》
南無阿弥陀仏
南無阿弥陀仏
　キン一声●

抄訳 無量寿経〔上巻〕

序分

（耆闍崛山）

仏説《ぶっせつ》無量寿経《むりょうじゅきょう》

1 今《いま》を去《さ》ることその昔《むかし》

同 釈迦牟尼仏《しゃかむにぶつ》は王舎城《おうしゃじょう》

耆闍崛山《ぎしゃくっせん》にましまして

万余《まんよ》の弟子《でし》を率《ひき》います

（仏弟子や菩薩たち）

2

舎利弗《しゃりほつ》　目連《もくれん》　摩訶迦葉《まかかしょう》

阿難《あなん》　羅睺羅《らごら》も　はべりにき

文殊《もんじゅ》　弥勒《みろく》　そのほかの

菩薩《ぼさつ》も　あまた　ましませり

（発起序）

3

時《とき》に　大聖《だいしょう》　釈迦如来《しゃかにょらい》

喜悦《よろこび》に尊顔《かお》　輝《かがや》きぬ

その尊容《みすがた》も　清浄《きよら》けく

大山《やま》のごとくに　おわします

4

ここに　阿難《あなん》は　かしこみて
未曽有《みぞう》のことと　その所以《ゆえ》を
たずねまつるに　釈尊《みほとけ》は
いと　ねんごろに　説《と》きたまう

正宗分

（五十三仏）

5 「昔《むかし》も昔《むかし》　その昔《むかし》

錠光如来《じょうこうにょらい》に　はじまれる

五十三仏《ごじゅうさんぶつ》　いでまして

世々《よよ》にみ法《おしえ》と　説きたまう

（世自在王如来・法蔵比丘）

6
次《つぎ》に如来《みほとけ》あれましき
世自在王《せじざいおう》と申《もう》すなり
時《とき》に王《おう》あり み法《のり》聴《き》き
法蔵比丘《ほうぞうびく》と名乗《なの》りては

7

（法蔵の讃仏・観見諸仏浄土）

如来《みほとけ》の徳《とく》　讃《たた》えつつ
苦悩《くのう》の衆生《たみ》を　済《すく》うべく
至福《しあわせ》の国土《くに》　つくらんと
諸仏《しょぶつ》の国《くに》を　みそなわし

（五劫思惟・選択摂取）

8 五劫《ごこう》があいだ思惟《しゆい》して
そのよきところ選《えら》び取《と》り
世自在王《せじざいおう》の御前《おんまえ》に
超世《ちょうせ》の誓願《ねがい》建《た》てたまう

（第一・三・四願）

9 『浄土《くに》に地獄《じごく》 餓鬼《がき》などの
苦《くる》しみすべて なかるべし
浄土《じょうど》の人《ひと》は ことごとく
見目麗《みめうるわ》しく かがやかん

（第五～九願、第十一・十二・十三願）

10 神通《じんずう》・智慧《ちえ》をきわめては

必《かなら》ずさとりに至《いた》るべし

我《わ》が光明《こうみょう》は量《はか》り無《な》く

寿命《じゅみょう》も量《はか》り無《な》かるべし

11

（第十七・十八願）

我《わ》が名声《な》は十方《よも》に とどろかん

本願《ほんがん》信《しん》じ 念仏《ねんぶつ》を

ユルク

称《とな》えん衆生《しゅじょう》 ことごとく

拯《すく》わん』とこそ 誓《ちか》いしか

（中切）キン一声●

（重誓偈）

12

四十八願《しじゅうはちがん》　建《た》ておえし

同
法蔵《ほうぞう》比丘《びく》は　偈《げ》を説《と》きて

この誓願《ねがい》をば　果《はた》すべく

重《かさ》ねて誓《ちか》い　たまいては

（菩薩の修行）

13 仏《ほとけ》の道《みち》を　歩《あゆ》むべく
はかり知《し》れざる　年月《としつき》に
無量《むりょう》の功徳《くどく》　積《つ》み重《かさ》ね
欲《よく》も怒《いか》りも　害心《がいしん》も

14

仏道《みち》さまたぐる　執着《しゅうじゃく》も

みな　ことごとく　捨《す》て去《さ》りぬ

忍《し》耐《の》ぶ心《こころ》を　究《きわ》めては

あらゆる苦難《くなん》　ものとせず

15

足《た》れるを知《し》りて　迷《まよ》い無《な》く

心《こころ》は常《つね》に　寂《しず》まりぬ

智慧《ちえ》極《きわ》まりて　障礙《さわり》無《な》く

虚偽《うそ》・諂曲《いつわり》も　絶《た》えて無《な》し

16

人《ひと》の心《こころ》を　思《おも》いやり

和顔愛語《わげんあいご》に　つとめつつ

心《こころ》はげまし　衆生《もろびと》の

至福《しあわせ》のため　休息《やすみ》無《な》し

17

仏法僧《ぶっぽうそう》を　敬《うやま》いて
師長《しちょう》に仕《つか》え　修行《しゅぎょう》積《つ》み
すべては空《くう》と　悟《さと》りつつ
自利《じり》と利他《りた》をば　修《しゅ》したまう

（十劫正覚・無量寿仏）

18

六波羅蜜《ろくはらみつ》を修行《しゅぎょう》して
人《ひと》にも勧《すす》めたまいけり
かくて十劫《じっこう》その昔《むかし》
無量寿仏《むりょうじゅぶつ》となりませり

19

（無量光仏）

無量寿仏《むりょうじゅぶつ》は　量《はか》り無《な》き
光《ひかり》を放《はな》ち　世《よ》を照《て》らす
ゆえに　この徳《とく》　讃《たた》えては
無量《むりょう》　光《こう》とも　名《な》づくなり

20
（光寿無量）

月日《つきひ》に超《こ》えて　輝《かがや》ける
このみ光《ひかり》に　遇《あ》えるもの
心《こころ》の垢《あか》も　消《き》え去《さ》りて
喜《よろこ》びに身《み》も　おどるべし

21

（浄土建立）

無量寿仏《むりょうじゅぶつ》の　その浄土《くに》は
七宝《しっぽう》をもて　輝《かがや》きぬ
仏《ほとけ》の身《み》より　放《はな》つ香《か》は
無量《むりょう》世界《せかい》に　薫《かお》るなり

（安楽世界）

22 浄土《じょうど》に生《うま》るる　衆生《もの》すべて
限《かぎ》り無《な》き利楽《さち》　身《み》に受《う》けん
かるが故《ゆえ》にぞ　この世界《くに》を
安楽国《あんらっこく》と　申《もう》すなる

23

（浄土の人びと）

安楽国《ほとけのくに》に　生《うま》るれば
いと清《きよ》らかに　智慧《ちえ》すぐれ
不思《ふし》議《ぎ》の力《ちから》　かねそなえ
極《きわ》み無《な》き身《み》を　受《う》くるべし

（浄土の輝き）

24

弥陀《ほとけ》の浄土《くに》の　蓮《はす》の華《はな》
無量《むりょう》の光明《ひかり》　出《いだ》すなり
光明《ひかり》の中《なか》の　み仏《ほとけ》は
百千光明《ひゃくせんこうみょう》　放《はな》ちつつ

ユルク

25

「十方世界《じっぽうせかい》照《て》らしては
無上《むじょう》の法《ほう》を説《と》きたまい
仏《ほとけ》の道《みち》に無量衆生《もろびと》を
導《みちび》きたまうところなり」

キン一声●

念仏

南《な》無《も》阿《あ》弥《み》陀《だん》佛《ぶ》

南《な》無《も》阿《あ》弥《み》陀《だん》佛《ぶ》

同

南《な》無《も》阿《あ》弥《み》陀《だん》佛《ぶ》

南《な》無《も》阿《あ》弥《み》陀《だん》佛《ぶ》

南《な》

和讃

弥《み》陀《だ》成《じょう》仏《ぶつ》の　このかたは

同

いまに十劫《じっこう》を　へたまへり

法身《ほっしん》の光輪《こうりん》　きはもなく

世《せ》の盲冥《もうみょう》を　てらすなり

一々《いちいち》のはなの　なかよりは

同　三十六百《さんじゅうろっぴゃく》　千億《せんのく》の

光明《こうみょう》てらして　ほがらかに

いたらぬところは　さらになし

キン一声●

抄訳 無量寿経〈下巻〉 正宗分（続き）

（成就文—願生浄土）

1 釈迦牟尼仏《しゃかむにぶつ》は説《と》きたまう

弥陀仏《ほとけ》の本願《ちかい》信《しん》じつつ

弥陀《みだ》の浄土《じょうど》に生《うま》れんと

仏《ぶつ》を念《ねん》ずる衆生《もの》すべて

（必得往生）

2 この世《よ》の寿命《いのち》終《おわ》るとき
弥陀仏《ほとけ》のみ手《て》に抱《いだ》かれて
浄土《じょうど》に生《うま》れ仏《ぶつ》となり
量《はか》り無《な》き利楽《さち》身《み》に受《う》けん

3

（三　輩）

出家《しゅっけ》と在家《ざいけ》　徳本《とく》の有無《うむ》
その営《いとな》みは　異《こと》なるも
浄土《じょうど》を願《ねが》う　衆生《もの》はみな
弥陀仏《ほとけ》の国《くに》に　生《うま》るべし

(往観偈)

4 『十方《じっぽう》無量《むりょう》の　仏国《ぶっこく》の
菩薩《ぼさつ》　浄土《じょうど》に　飛《と》び来《き》たり
華香《けこう》を捧《ささ》げ　弥陀《みだ》　仰《あお》ぎ
み徳《とく》を讃《たた》え　まつるなり

5 人《ひと》もし善本《ぜんぽん》無《な》かりせば
この経《きょう》きくを得《う》べからず
憍慢《きょうまん》・懈怠《けだい》の人《ひと》はみな
この法《ほう》信《しん》ずること難《かた》し』

（菩薩の徳）

6 浄土《じょうど》の菩薩《ぼさつ》　ひたすらに
菩提《さとり》の道《みち》を　歩《あゆ》みては
量《はか》り無《な》き徳本《とく》　積《つ》み重《かさ》ね
寂《しず》けく深《ふか》き　智慧《ちえ》みがく

7

阿難《あなん》よ 菩薩《ぼさつ》かくのごと
無量《むりょう》の功徳《くどく》 成就《じょうじゅ》せん
いかに説《と》くとも その徳《とく》を
説《と》き尽《つ》くすこと 難《かた》からん」

（仏の勧誡）

8 釈尊《ぶつ》は 弥勒《みろく》や 諸人《もろびと》に
「汝《なんじ》ら 力《つと》めて 善《ぜん》を為《な》し
菩提《さとり》の道《みち》を 窮《きわ》めよ」と
いと ねんごろに 説《と》きたまう

（三毒・五悪）

9「さるを　世《よ》の人《ひと》　浅《あさ》はかに
急《いそ》がぬことも　諍《あらそ》いて
貧《まず》しき者《もの》も　富《と》む人《ひと》も
ともに銭財《ぜんざい》　憂《うれ》うなり

10

（有田憂田・有宅憂宅）

田《た》をもつ者《もの》は　田《た》を憂《うれ》え

田《た》無《な》きは希求《のぞ》み　田《た》を憂《うれ》う

されども　寿命《いのち》　尽《つ》きぬれば

すべてを遺《のこ》し　去《さ》り行《ゆ》かん

11
（独生独死・独去独来）

悲《かな》しき哉《かな》や　人《ひと》はみな
独《ひと》り生《うま》れて　独《ひと》り死《し》す
善悪《ぜんあく》の業《ごう》　己《み》に受《う》けて
誰《だれ》も代《かわ》る　ものぞ無《な》き

12

愛欲栄華《あいよくえいが》常《つね》ならず

苦《くる》しみ悩《なや》み束《つか》の間《ま》ぞ

仏《ほとけ》の国《くに》に生《うま》るれば

永久《とこしえ》の利楽《さち》身《み》に受《う》けん

13 しかも　人《ひと》びと　己《おの》が利《り》を
求《もと》めつつ闇《やみ》　さまよいて
三毒《さんどく》・五悪《ごあく》の　苦《くる》しみに
沈《しず》み行《ゆ》くもの　数《かず》知《し》れず

（求死不得・求生不得）

14 病《やまい》を得《え》ては　苦悩《くのう》あり
生《せい》を求《もと》めて　生《い》きられず
死《し》を求《もと》むとも　得《う》べからず
これぞ　この世《よ》の　姿《すがた》なる

ユルク

15 汝《なんじ》ら　つねに　み仏《ほとけ》の
教《おし》えを聴《き》きて　み心《こころ》を
深《ふか》く味楽《よろこ》び　みずからの
身《み》をも心《こころ》も　正《ただ》すべし」
（中切）キン一声●

(胎生と化生)

16 弥勒《みろく》は　釈尊《ほとけ》　仰《あお》ぎつつ

同「等《ひと》しく浄土《じょうど》に　生《うま》るとも

宝《たから》の宮殿《みや》に　五百歳《ごひゃくさい》

閉じこめられん　胎生《たいしょう》と

17 蓮《はちす》の華《はな》に　生《うま》れては
浄土《じょうど》の利楽《さち》を　忽《たちま》ちに
受《う》くる化生《けしょう》の　別《べつ》あるは
何《なに》がゆえぞ」と　問《と》いまつる

18

釈尊《ぶっ》は　答《こた》えて　のたまわく

「浄土往生《じょうどおうじょう》　願《ねが》うとも

不思議《ふしぎ》の仏智《ぶっち》　疑《うたが》わば

胎生《たいしょう》の苦《く》を　味《あじ》わわん」

19

仏智不思議智《ぶっちふしぎち》 信《しん》じつつ
往生浄土《おうじょうじょうど》を 願《ねが》う人《ひと》
蓮《はちす》の華《はな》に 化生《けしょう》して
菩薩《ぼさつ》のごとき 徳《とく》を得《え》ん」

流通分

20 釈尊《ぶつ》は 弥勒《みろく》に 説《と》きたまう

「仏《ほとけ》の名号《みな》を 聞《き》くを得《え》て

心《こころ》 喜《よろこ》ぶ その人《ひと》は

無上《むじょう》の利益《りやく》 功徳《くどく》あり

21
たとい大千《だいせん》世界《せかい》に
満《み》てらん火《ひ》をも過《す》ぎ行《ゆ》きて
み経法《のり》を求《もと》め聞《き》き持《たも》ち
仏《ほとけ》の道《みち》を歩《あゆ》むべし」

22

「み仏《ほとけ》の興世《よ》は　値《あ》い難《がた》く
み法《のり》を聞《き》くは　いと難《かた》し
善《よ》き法友《とも》に遇《あ》う　また難《かた》く
仏《ほとけ》の教《おし》え　聞《き》きひらき

23

信《しん》の楽《よろこ》び　懐《いだ》くこと
難《かた》きが中《なか》に　なお難《かた》し
汝《なんじ》ら　信順《なお》き　心《こころ》もて
教《おし》えのままに　仏道《みち》を行《ゆ》け」

（結語）

24 釈尊《ほとけ》 この経《きょう》 説《と》けるとき

無量《むりょう》の衆生《しゅじょう》 もろともに

無上《むじょう》の菩提《さとり》 こころざし

清《きよ》きみ法《のり》の 智慧《ちえ》 得《え》たり

25

ユルク

弥勒《みろく》をはじめ　菩薩《ぼさつ》たち

阿難《あなん》ら　あまた　仏弟子《ぶつでし》も

釈尊《ほとけ》の教《おし》え　聞《き》きまつり

みな法悦《よろこび》に　ひたりけり

キン一声●

念仏

南《な》無《も》阿《あ》弥《み》陀《だん》佛《ぶ》

同

南《な》無《も》阿《あ》弥《み》陀《だん》佛《ぶ》

南《な》無《も》阿《あ》弥《み》陀《だん》佛《ぶ》

南《な》無《も》阿《あ》弥《み》陀《だん》佛《ぶ》

南《な》

たとひ大千《だいせん》　世界《せかい》に
同
みてらん火《ひ》をも　すぎゆきて
仏《ぶつ》の御《み》名《な》を　きくひとは
ながく不《ふ》退《たい》に　かなふなり

仏《ぶっ》慧《て》功《く》徳《どく》を　ほめしめて

同

十《じっ》方《ぽう》の有《う》縁《えん》に　きかしめん

信《しん》心《じん》すでに　えんひとは

つねに仏《ぶっ》恩《とん》　報《ほう》ずべし

回向句

ほとけのみ名《な》を　聞《き》きひらき

同

こよなき信《しん》を　めぐまれて

よろこぶこころ　身《み》に得《う》れば

さとりかならず　さだまらん

キン三声 ● ● ●

用語解説

三 奉 請 （二頁）

三奉請《さんぶじょう》 善導大師の『法事讃』（二巻）の中に出てくる。この場にお入りくださいと仏さまにお願いすること。

弥陀如来《みだにょらい》 阿弥陀如来のこと。阿弥陀仏ともいう。また、無量寿仏《むりょうじゅぶつ》、無量光仏《むりょうこうぶつ》ともいう。

すべての人を救うために、悟りを開いて極楽浄土を作られた。

釈迦如来《しゃかにょらい》 二千五百年前に、インドでお生まれになって仏教を説かれた仏。

十方如来《じっぽうにょらい》 東西南北と四隅と上下の十方の方角におられる仏。たくさんの仏。

礼 讃 文 （四頁）

礼讃文《らいさんもん》 読経に先立って、み仏やみ教えを讃えて申し述べる言葉。

抄訳 無量寿経〔上巻〕 （八頁）

〔1〕（八頁）

序分《じょぶん》 大乗仏教の経典は、一般に、全体が

大きく序分《じょぶん》（序章）と正宗分《しょうしゅうぶん》（本文）、流通分《るずうぶん》（結尾の部分）の三部分より成る。もちろん、正宗分に比べて序分や流通分は短いが、序分にも、たとえば証信序《しょうしんじょ》、化前序《けぜんじょ》（たとえば『観無量寿経《かんむりょうじゅきょう》』が説かれる前の王舎城《おうしゃじょう》、耆闍崛山《ぎしゃくっせん》の様子など）といって、その経典が説かれるための広い背景（いつ、どこで、誰が、誰に、説法したかなど）を述べる部分と、直接その経典が説かれる動機を叙《の》べる発起序《ほっきじょ》などに分かれる場合もある。

この抄訳では上巻［1］［2］が証信序、［3］［4］が発起序、［5］－下巻［19］が正宗分、［20］以下が流通分に相当する。

耆闍崛山《ぎしゃくっせん》　王舎城をとりまく外輪山の一角にある小高い峰。王舎城の五山の一つ。原名ギッジャ（鷲）クータ（峰）パッバタ（山）、あるいは、グリドラ（鷲）クータ（峰）パルヴァタ（山）。耆闍崛山はその音訳。霊鷲山《りょうじゅせん》、略して霊山《りょうぜん》はその意訳。頂上に鷲の形をした大きな岩があるからとも、鷲が棲息するところだったから、この名がついたとも言われる。

釈迦牟尼仏《しゃかむにぶつ》　お釈迦さまのこと。北インドに住んでいた釈迦族の出身だから、釈迦族出身の世尊《せそん》（輝く人、世にも尊いお方）という意味で釈尊《しゃくそん》とも呼ばれる。牟尼＝聖者《しょうじゃ》、沈黙者、騒々しい世間から離れて、静かに真理を見究めた人を言う。仏＝ブッダ＝仏陀《ぶっだ》、buddhaとは悟り、覚り（bodhi. 菩提《ぼだい》）を得た人、真理を覚った者、覚者《かくしゃ》。如来ともいう。

王舍城《おうしゃじょう》　東インド、現在のビハール州のうち、ガンジス河以南に、紀元前五〜六世紀ごろに栄えたマガダ国の首都。

万余《まんよ》　『無量寿経《むりょうじゅきょう》』には、すぐれた比丘《びく》（僧侶）一万二千人が、そこに侍《はべ》ったと説かれている。

［2］（九頁）

菩薩《ぼさつ》　菩提薩埵《ぼだいさった》（ボーディ・サッタ、ボーディ・サットヴァ）の略。菩提（覚、さとり）を求める薩埵（衆生《しゅじょう》、有情《うじょう》）のこと。もともとは、修行時代の釈尊を指したが、後には主として、悩み苦しむ人びとを救うために仏の助手として働き、次の生には仏になる、高位の修行者のことを言うようになる。

菩薩は在家の人の姿で出現するので、その像は僧形《そうぎょう》の地蔵菩薩などは除き、王侯貴族のように宝冠《ほうかん》その他の装飾をつけた姿に描かれることが多い。これに対し、仏や比丘は出家であるから、密教の宝冠阿弥陀仏像などを除き、宝冠、瓔珞《ようらく》などの装飾品を身につけず、足も履物を用いない。

舎利弗《しゃりほつ》　仏弟子の筆頭。智慧第一と称讃された。

目連《もくれん》　目犍連《もっけんれん》（摩訶目犍連《まかもっけんれん》＝大目犍連）のこと。目犍連（モッガッラーナ、マウドガルヤーヤナ）という名の仏弟子がほかにもいたので、この偉大なる弟子を人は大目犍連と呼んだ。仏弟子中、舎利弗と双

璧をなす。神通《じんずう》（力）第一と言われた。亡き母が餓鬼道《がきどう》に落ちていることを神通力をもって観察《かんざつ》し、その救済の方法を釈尊におたずねしたところ、釈尊は、安居《あんご》（雨季の間の三カ月の修行）を終えた反省のための自恣《じし》の日旧暦七月十六日に、四《し》方《ほう》の僧伽《サンガ》に供養せよと教えられた。これが盂蘭盆会《うらぼんえ》の起源だと言われる。

摩訶迦葉《まかかしょう》　大迦葉。マハー・カッサパ、マハー・カーシャパ。迦葉（カッサパ、カーシャパ）という名の弟子が何人もいたので、混同を避けて大迦葉と呼ぶ。マハー（大）は尊称。仏弟子中、舎利弗、目連に次ぐ。釈尊亡き後、五百人の仏弟子たちを王舎城に集めて経典や戒律の編纂会議を主催した。

阿難《あなん》　仏弟子の一人。釈尊の従弟。原名アーナンダ。阿難陀とも漢訳する（『阿弥陀経』）。釈尊五十五歳より八十歳で亡くなられるまでの二十五年間、侍者としてつねに釈尊に随仕した。

羅睺羅《らごら》　仏弟子の一人。釈尊の一子。原名ラーフラ。『無量寿経』では羅云《らうん》と漢訳されている。

文殊《もんじゅ》　文殊師利《もんじゅしり》の略。文殊菩薩のこと。智慧が優れ、釈尊が法王であるとすれば文殊は法王子だということで文殊師利法王《もんじゅしりほうおう》子《じ》とも言われる。『無量寿経』では妙徳《みょうとく》菩薩。

弥勒《みろく》　弥勒菩薩のこと。弥勒（マイトレー

ヤ）とは慈心（マイトリ）に優れた者という意味。『無量寿経』のこの箇所では慈氏《じじ》菩薩と漢訳されている。遠い将来、世に現れて、釈尊の次の仏陀になると言われる。

なお、『阿弥陀経』の序分では阿逸多《あいった》菩薩というお名前。阿逸多アジタとは他の誰よりもすぐれているという意味。

［3］（一〇頁）

大聖《だいしょう》　大いなる聖者。

［4］（一一頁）

未曽有《みぞう》　未《いま》だ曽《かつ》て無きこと。

釈尊《みほとけ》　お釈迦さまのこと。［1］「釈迦牟尼仏」の項を参照。

［5］（一二頁）

錠光如来《じょうこうにょらい》　真理は宇宙とともに永遠であり、阿弥陀如来よりも遙かに昔に世に出現された最初の仏。

［6］（一三頁）

世自在王如来《せじざいおうにょらい》　世自在王仏、世饒王仏《せにょうおうぶつ》ともいう。法蔵比丘《ほうぞうびく》（法蔵菩薩＝阿弥陀如来）の師。

法蔵比丘《ほうぞうびく》　法蔵菩薩とも呼ばれる。世自在王如来のもとで出家し、一切衆生《いっさいしゅじょう》を救わんがために浄土を建立する誓いを建て、修行が完成して阿弥陀如来となり、浄土（安楽世界、極楽世界）を建立された。

比丘とは出家して仏道を求めて修行する

人（男性、成人）のこと。女性の場合は比丘尼《びくに》という。

［7］（一四頁）

法蔵《ほうぞう》の讃仏《さんぶつ》　法蔵菩薩は世自在王如来の徳をば歌の形式で讃《たた》え、自らも仏となることを誓われた。それが「讃仏偈《さんぶつげ》」（光顔《こうげん》巍巍《ぎぎ》、威神無極《いじんむごく》……）。

観見諸仏浄土《とけんしょぶつじょうど》　あらゆる仏の浄土の有り様をすべて見ること。

浄土《じょうど》　清浄《しょうじょう》の土《ど》（世界、国、国土）。仏の世界のこと。

衆生《たみ》　生きとし生くるもの。有情ともいう。

［8］（一五頁）

五劫《ごこう》　一劫とはきわめて長い年月のこと。

選択摂取《せんじゃくせっしゅ》　よいところ、大切な点などを選びとること。

超世《ちょうせ》の誓願《ねがい》　世にも稀《まれ》なる願い。四十八《しじゅうはち》願《がん》のこと。［12］「四十八願」の項を参照。

［9］（一六頁）

地獄《じごく》・餓鬼《がき》　迷い（苦しみ）の世界に六種あり、下から、地獄、餓鬼、畜生、〔阿修羅〕、人間、天（＝神）の六つ。これを、つぎつぎ、経巡《めぐ》るので、一つひとつの世界は道すがらであるとの意味で、六《ろく》道《どう》、六趣《ろくしゅ》などという。六道のうち地獄、餓鬼、畜生の三つを特に三悪道《さんまくどう》、三悪《さんまく》

趣《しゅ》、三塗《さんず》、三途《さんず》などという。

[10]（一七頁）
神通《じんずう》　神通力《じんずうりき》のこと。神力《じんりき》、通力《つうりき》などという。仏道修行によって得られる超人的な能力のこと。一般に五神通あるいは六神通として、天眼通《てんげんつう》、天耳通《てんにつう》、宿命通《しゅくみょうつう》、他心智通《たしんちつう》などを数える。

[11]（一八頁）
本願《ほんがん》　仏が菩薩の時代つまり仏になる前に、仏になるために建てられた誓願。ここでは阿弥陀如来（法蔵菩薩）の建てられた誓願を指す。

[12]（一九頁）
重誓偈《じゅうせいげ》　法蔵菩薩は四十八願をお建てになり、重ねて詩の形で誓願を述べられた。重ねて誓われたので「重誓偈」と呼び、偈の劈頭《へきとう》でくり返し〝我建超世願《がごんちょうせがん》……誓不成正覚《せいふじょうしょうがく》〟などと三度誓われているので「三誓偈《さんせいげ》」とも呼ぶ。偈はサンスクリット「ガーター」の音訳。詩のこと。

四十八願《しじゅうはちがん》　法蔵菩薩が建てられた四十八項目の誓願のこと。その第十八番目の誓願を「念仏往生の願」、「至心信楽《ししんしんぎょう》の願」などと称し、四十八願のうち最も重要な願とされる。

[13]（二〇頁）
はかり知《し》れざる年月《としつき》　たいへん長い年月。『無量寿経』は法蔵菩薩が五劫という長

い年月、諸仏の国を観見《とけん》し、思弁をこらし、兆載永劫《ちょうさいようごう》というさらに長い年月をかけて修行されたと説く。

無量《むりょう》　量《はか》ることができないほど多量であること。

功徳《くどく》　徳本《とくほん》、善本《ぜんぽん》、善根《ぜんごん》などと同義。善い行い。未来に善果《ぜんか》、楽果《らっか》、幸福を得るための根本原因になる行いのこと。

功徳はまた、すぐれた性質を意味する場合もある。

害心《がいしん》　他を害する心。

[14]（二一一頁）

執着《しゅうじゃく》　自分、自分のもの、自分の見解、自分の地位など、自己中心的な執着こそが煩悩《ぼんのう》（なやみ、苦しみ）の根本であると仏教では考える。

忍《し》**耐**《の》**ぶ心**《こころ》　忍耐のこと。忍辱《にんにく》ともいい、大乗仏教の基本的な修行である六波羅蜜（[18]参照）の中の一つ。

[15]（二一二頁）

足《た》**れるを知**《し》**りて**　欲望を際限なく持たないこと。

[16]（二一三頁）

和顔愛語《わげんあいご》　おだやかな顔、優しい言葉。

[17]（二一四頁）

仏法僧《ぶっぽうそう》　仏と法（その教え）と僧（仏の教

えのもとに集まっている集団、教団、僧伽）、これを三つの宝物（三宝《さんぼう》）という。

師長《しちょう》　先生や目上、年長の人びと。

空《くう》　仏教は、あらゆるものは因縁《いんねん》によって生まれ、因縁によって滅びると考える。これを縁起《えんぎ》という。縁起だから、永遠不滅の実体、自性《じしょう》は存在しない。だから、すべての存在は空（一切法空《いっさいほうくう》）である。この縁起、無自性《むじしょう》、空こそは仏教哲学の根本原理である。

自利《じり》**と利他**《りた》　『無量寿経』には人我兼利《にんがけんり》という言葉で示されている。
自利とは、自分が仏になること。利他とは、他の人の幸せのために働くこと。

[18]（二一五頁）

無量寿仏《むりょうじゅぶつ》　無限の寿命をもつ仏。原語はアミタ（無量、無限）＋アーユス（寿命）＝アミターユス。阿弥陀とはこのアミタの訳語。

六波羅蜜《ろくはらみつ》　大乗仏教の基本的な修行。布施《ふせ》（施《ほどこ》すこと、与えること、他の人に親切にすること）、持戒《じかい》（戒律をまもること、ルールを守った行動をすること）、忍辱《にんにく》（辱《はず》かしめを耐えしのぶこと、苦しみ、悲しみに耐えること）、精進《しょうじん》（努力すること）、禅定《ぜんじょう》（心を散乱させず、仏道に集中させること）、智慧《ちえ》（上記の五つによって智慧をみがくこと）、の六つを言う。
ただし、この六項目は、世間的な生活の中でも最も基本的な、大切な事項であ

る。

波羅蜜はパーラミターの訳語。波羅蜜多《はらみた》と訳されることも多い。徹底的に行うことを意味する。たとえば、「施す」ことを徹底するとなると、自分の全財産、ときには生命をも施さねばならぬことになる。そこまで行うことを布施波羅蜜という。世間的な善と仏道修行（波羅蜜）との違いがそこにある。

六波羅蜜によって人間の世界から悟り（仏）の境地に到る（渡る、度《わた》る）ことができるので、波羅蜜を度《ど》、到彼岸《とうひがん》などと訳すことも多い。

[19]（二一六頁）

無量光《むりょうこう》（仏）　無限の光明《こうみょう》を放って世を照らしたまう仏、アミタ＋アーブハ（光）＝アミターブハの訳語。

『無量寿経』には、阿弥陀如来の光明の徳を無量、無辺《むへん》、無礙《むげ》、無対《むたい》などの十二の仏、いわゆる十二光仏として説かれており、これを七高僧の一人、中国の曇鸞《どんらん》大師《だいし》がその著『讃阿弥陀仏偈《さんあみだぶつげ》』の最初にとり上げ、親鸞聖人は『浄土和讃《じょうどわさん》』の「讃阿弥陀仏偈和讃」の劈頭に受けつぎ、「正信偈《しょうしんげ》」にも「普放無量無辺光《ふほうむりょうむへんこう》……」とお述べになっている。

なお、阿弥陀如来《あみだにょらい》は、無量（阿弥陀）寿如来と無量（阿弥陀）光如来という二つの名を持っておられるが、『無量寿経』では主に無量寿仏、『観無量寿経』や『阿弥陀経』では阿弥陀仏の名が用いられている。

［21］（二八頁）

浄土《じょうど》　一般に仏の世界のことを浄土という。たとえば東方阿閦如来《あしゅくにょらい》の浄土は妙《みょう》喜国《きこく》というようにそれぞれの仏にはそれぞれの浄土・仏国・仏土がある。阿弥陀如来の浄土は安楽（国）、安養《あんにょう》（国）、極楽（国）などと呼ぶが、これらはいずれもスクハ（幸福・安楽）＋ヴァティー（……をもつもの）＝スクハーヴァティーの訳語。

建立《こんりゅう》　建てること。造ること。

七宝《しっぽう》　金《きん》、銀《ぎん》、瑠璃《るり》（ラピスラズーリ＝アフガニスタン特産の青色の貴石）、玻璃《はり》（水晶）、硨磲《しゃこ》（白い二枚貝）、珊瑚《さんご》、琥珀《こはく》などの七つ。珊瑚や琥珀の代りに赤珠《しゃくしゅ》、碼碯《めのう》などが七宝のうちに数えられることもある。

［22］（二九頁）

安楽世界《あんらくせかい》　安楽国《あんらっこく》のこと。［7］［21］「浄土」の項を参照。

和讃　（三四頁）

和讃《わさん》　平安中期まで貴族階級を中心に流行した、神前に奏される歌舞に由来する宮廷歌謡＝神楽《かぐら》や、上代からの民謡に、笏《しゃく》拍子《びょうし》を打って和琴《わごん》や笛などの伴奏を用いた催馬楽《さいばら》（＝昔風・古様）に対して、平安時代後期には七五調（または八五調）四行を基本とした俗謡《ぞくよう》が流行した。こ《こ》れを今様歌《いまようか》、略して今様という。今様は小

鼓《づつみ》を叩きながら、一行を一息で歌う。今様の集成として、後《ご》白河《しらかわ》上皇（一一二七～一一九二。ただし、天皇在位一一五五～一一五八。退位ののち上皇となり、一一六九年に出家して法皇となられた）の編集による『梁塵秘抄《りょうじんひしょう》』が有名。親鸞聖人は、御主著『教行信証《きょうぎょうしんしょう》』完成の後、七十五、六歳ごろ以後に、今様形式によって『浄土《じょうど》和讃《わさん》』『高僧《こうそう》和讃』『正像末《しょうぞうまつ》和讃』その他、合計約五百首の和讃（日本語による仏徳などの讃歎《さんだん》の詩）を、お作りになった。

聖人の和讃御製作は、難解な御法義を、一般民衆でも、日常生活の中で、これを口ずさむことによって、容易に理解し、身につけることができるようにとの御配慮だったと拝察される。

法身《ほっしん》の光輪《こうりん》　み仏の身体から放たれる光芒、あるいは光の輪。

世《せ》の盲冥《もうみょう》　世の中の一切の衆生のこと。衆生は煩悩に覆《おお》われて、み仏の大慈悲《だいじひ》に気づかず、喜ぶべきことを喜ばず、悲しむべきことを悲しまず、闇夜をさまようような生き方をしていることを言う。

抄訳　無量寿経〔下巻〕（三六頁）

［1］（三六頁）

成就文《じょうじゅもん》　法蔵菩薩《ほうぞうぼさつ》（阿弥陀如来）がお建てになった一つひとつの本願（誓い）が、成就（願いどおりに成しとげられること）した旨を示す御文。ここで出されているのは、特に第十八願の成就を示す御

文。

［2］（三七頁）

必得往生《ひっとくおうじょう》　必ず浄土に往生することができること。

［3］（三八頁）

三輩《さんぱい》　浄土往生を願う人に、上輩《じょうはい》、中輩《ちゅうはい》、下輩《げはい》の三種類があり、それぞれの生き方をしているが、すべて阿弥陀仏に導かれて浄土に往生することができると説かれている。

(イ)上輩　出家して、ひたすら阿弥陀如来を念じ、さまざまに善根功徳《ぜんごんくどく》を積む人。

(ロ)中輩　出家はしないが、寺院を建て、仏像を造り……そのほかいろいろな善《ぜん》行《ぎょう》を積み重ねて、浄土往生を願う人。

(ハ)下輩　善根功徳を積むことはできなかったが、たとえ一瞬間でも、まじめに阿弥陀如来を念じ、浄土に生まれんと願った人。

［4］（三九頁）

往観偈《おうごんげ》　五字×四行の偈が三十偈より成る。

前半二十偈は、十方の仏国の菩薩が阿弥陀仏国（安楽世界、極楽浄土）に飛来し、極楽世界の菩薩たちも十方に赴《おもむ》いて、仏に観《まみ》え、供養し、讃歎《さんだん》し、聞法《もんぼう》することを説く。

後半十偈は、私たちが仏法に遇《あ》えるのは、善根功徳があったからである。人と生れ、仏法に値《あ》うことは甚《はなは》だ稀有《けう》のこと

であり、法を聞いたら忘れてはならないし、求法《ぐほう》のためには、いかなる困難も乗り越え、教えを聞いたならば、自らも仏への道を成しとげ、衆生済度《しゅじょうさいど》につとめねばならぬと説く。

[5]（四〇頁）
憍慢《きょうまん》・懈怠《けだい》　憍慢は、おごり、高ぶり、うぬぼれ。懈怠は、なまけること。原本には〝憍慢、弊（間違った考え、おろかさ）、懈怠〟とある。

[8]（四三頁）
仏《ぶつ》の勧誡《かんかい》　仏（釈尊）が私たちに、仏道を歩めとお勧めになり、人として慎しまねばならぬさまざまな事柄について、お誡《いまし》めになること。

[9]（四四頁）
三毒《さんどく》・五悪《ごあく》　三毒とは、貪《とん》（物欲、淫欲《いんよく》など）、瞋《しん》（怒り。憎悪《ぞうお》、嫉妬《しっと》などを含む）、痴《ち》（おろかなこと。怠惰《たいだ》、放逸《ほういつ》などを含む）。

五悪とは、殺生《せっしょう》、盗み、邪淫《じゃいん》、妄語《うそ》、飲酒《おんじゅ》の五つを言う。『無量寿経』では、ほぼ五千言（字）を駆使して、この三毒・五悪が、種々にからみ合い、複合して、人はいよいよ悪と苦の深みに陥《おちい》ってゆくことを詳細に説き、身を端《ただ》し、行いを正すことによって、その悪と苦とから脱け出し、真の幸福を得べきことを教える。

[11]（四六頁）
業《ごう》　もともとは行いの意味。ただし、多く

の場合、その行いのもたらす苦、楽などの結果をも意味する。

［12］（四七頁）
愛欲栄華《あいよくえいが》　この世の楽しみや喜び。

［16］（五一頁）

胎生《たいしょう》**と化生**《けしょう》　仏教では、生物の生れ方に、湿生《しっしょう》、卵生《らんしょう》、胎生、化生の四種類があると考える。これを四生《ししょう》という。

湿生とは、湿気の中から生れるもの。虫のたぐい。

卵生とは、卵として生れるもの。鳥など。

胎生とは、母胎を経て生れるもの。人間など。

化生は右の三つとは異なり、忽然《こつぜん》と生れること。浄土や地獄には化生する。

［18］（五三頁）
不思議《ふしぎ》**の仏智**《ぶっち》　み仏の智慧は、私たちの言葉も考えも及ばない（不思議、不可思議）ほど広く深いものであることを言う。
［19］の「仏智不思議智」も同じ意味。
〝仏智の不思議〟ともいう。

［20］（五五頁）
流通分《るずうぶん》　大乗経典には、大きく分けて序《じょ》分《ぶん》、正宗分《しょうしゅうぶん》、流通分の三つの部分がある。上巻［1］「序分」の項を参照。
経の終わりに当たり、そこに説かれた教えを後世に伝え、広めるために、人びとが、どのように心がけねばならぬかを説き示す部分。

[21]（五六頁）

大千世界《だいせんせかい》　世界が千あつまって小千世界《しょうせん》、小千世界が千あつまって中千世界《ちゅうせん》、中千世界が千あつまって、それを大千世界という。全宇宙を指す。小千、中千、大千と、千が三段階重なるので、大千世界を三千世界、三千大千世界などという。

[24]（五九頁）

無上《むじょう》の菩提《さとり》　無上とは最高の、という意味。菩提《ぼだい》とは智慧、さとりのこと。

和　讃（六二頁）

不退《ふたい》　不退転《ふたいてん》の略。仏道修行がさほど進んでいない間は、意志が虚弱で意欲が鈍《にぶ》り、修行が後退する。しかし修行がうんと進み、ある程度の段階に達すると、意欲が鈍ることなく、むしろ自然に仏道を精進する境地に到る。この境地を不退転という。また、このあとは必ず仏の境地に達することは間違いないので、これを正定聚《しょうじょうじゅ》（仏になることが正しく決定《けつじょう》した人びと）と同じ意味に取り扱う。

かなふ　願いが実現する。あてはまる。適合する。

仏慧《ぶって》　み仏の智慧。

回　向　句（六四頁）

回向句《えこうく》　法要・勤行の結尾に唱える偈で、仏に対する感謝、誓いなどを表明する

句。「願《がん》以《に》此《し》功《く》徳《どく》……」の四行一句のみを「回向」、他の同類の偈句を「回向句」と呼びならわしている。

ほとけのみ名《な》を……　親鸞聖人御作『浄《じょう》土文類聚鈔《どもんるいじゅしょう》』の結語「聞真実功徳《もんしんじつくどく》　獲《ぎゃく》無上信心《むじょうしんじん》　則得大慶喜《そくとくだいきょうき》　獲不退転地《ぎゃくふたいてんじ》」（真実の功徳を聞き、無上の信心を獲《う》れば、則《すなわ》ち大いなる慶喜《よろこび》を得、不退転の地〈位〉を獲るなり）の意訳。

なお、「聞真実……」の結語は『二門偈《にもんげ》作法《さほう》』の回向句として依用《えよう》されている。

ほとけのみ名《な》　阿弥陀如来のお名前、仏《ぶつ》名《みょう》、名号。南無阿弥陀仏《なもあみだぶつ》のこと。

聞《き》きひらき　聞いて、よく理解すること。

こよなき信《しん》　み仏によって与えられた、無上の（このうえない）信心。

さとり　仏の境地。

「譜」の音の高さと長さについて

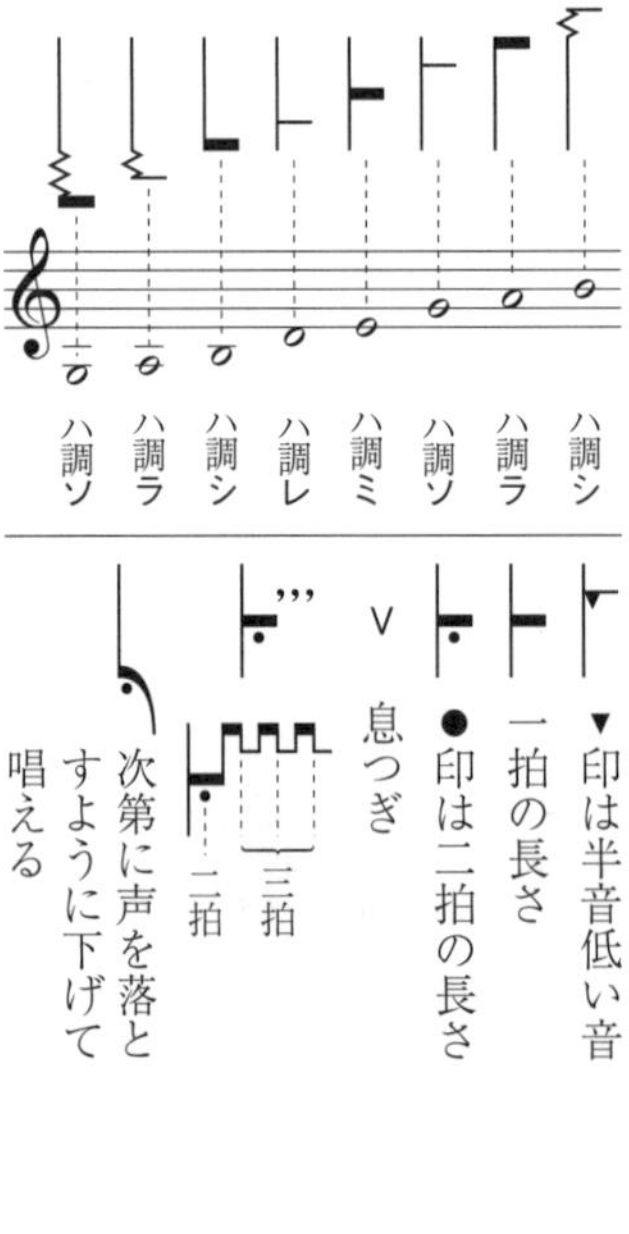

＊編著者紹介＊

豊 原 大 成（とよはら だいじょう）

昭和５年９月～令和４年１月。京都大学文学部（哲学科・仏教学）卒業、同大学大学院修士課程修了。インド、ベナレス・ヒンズー大学大学院博士課程。
浄土真宗本願寺派元総長、西宮・西福寺前住職。

著書 『親鸞の生涯』『釈尊の生涯』『真宗表白集』一・二（法蔵館）、『浄土真宗本願寺派入門聖典』（鎌倉新書）、『表白文例集』（同朋舎出版）、『建法幢』『仰法幢』（津村別院）、『図譜 声明集』上・下『葬儀・中陰勤行聖典』（聞真会）、『ジャータカのえほん』全５巻『おしゃかさま』全６巻『表白集』一・二『月忌表白集』『三帖和讃ノート 浄土和讃篇』『三帖和讃ノート 高僧和讃篇』『三帖和讃ノート 正像末和讃篇』『正信偈ハンドブック』『お釈迦さま最後の旅と葬儀』『仏弟子ものがたり』（自照社出版）、『浄土真宗本願寺派 日常勤行聖典』『抄訳 佛説観無量寿経』『抄訳 佛説阿弥陀経』（自照社）ほか。

〈仏事・日常勤行〉
抄訳 佛説無量寿経

2023年７月10日 第１刷発行

編訳者 豊 原 大 成
発行者 鹿 苑 誓 史
発行所 合同会社 自照社
〒520-0112 滋賀県大津市日吉台4-3-7
tel:077-507-8209 fax:077-507-9926
hp:https://jishosha.shop-pro.jp
印 刷 株式会社 図書印刷 同朋舎

ISBN978-4-910494-22-7 ¥500E